音楽物語

泣いた赤おに

浜田広介 原作

横山裕美子 作詞・作曲

教育芸術社

Contents

音楽物語『泣いた赤おに』に寄せて　3

演奏にあたって　4

『泣いた赤おに』あらすじ　5

1　やさしい赤おに　6

2　立札　12

3　青おにの提案　20

4　あばれ青おに　28

5　しあわせな日々　34

6　ドコマデモ キミノ トモダチ ～青おにの心　42

＊各曲の場面をイメージしたイラストを適宜配置しています。

音楽物語『泣いた赤おに』に寄せて

　高畠町少年少女合唱団「エーデルワイス」結団20周年委嘱作品として、2019年2月3日に初演された音楽劇を、この度、より多くの子どもたちに演奏してもらえるよう見直しを行い、音楽物語『泣いた赤おに』として出版することになりました。

　『泣いた赤おに』はあまりにも有名な物語ですが、「青おにが赤おにのために、なぜこのような献身的な行動をしたのか」ということが、実は私にとって小さい頃からの疑問でした。

　作詞をするにあたり、原作の"おにどものためになるなら、できるだけよいことばかりをしてみたい"という赤おにのセリフから想像をめぐらして、以前赤おにに助けてもらったことがある青おには、いつか赤おにに恩返しをしたいと思っていたのではないかと解釈しました。

　おにたちとだけでなく、人間たちとも仲良くしたい気持ちがあふれ出す赤おにと、それを助けたい青おに、そしてまわりの人間たちとの関係を6曲で構成し、一つ一つ音を吟味しながら、歌いやすく、素朴で美しい心に響く音楽を目指して作り上げました。

　学年やクラス、合唱団の人数や実情に合わせた演出で、音楽劇として上演することもできますし、歌詞だけでも十分にストーリーが追えますので、合唱組曲として上演したりするのも良いでしょう。皆さんのアイディアで楽しくご活用いただければ幸いです。

　最後に、企画からすべてにおいてお世話になりました、教育芸術社の呉羽弘人氏、編集担当の三善知香氏、澤野詩織氏、すばらしい表紙とイラストを書いてくださった丸山誠司氏に、心から感謝申し上げます。

横山裕美子

Yumiko Yokoyama

東京藝術大学音楽学部作曲科卒業。松本民之助氏、川井学氏に師事。渡米しジュリアード音楽院のスタンレー・ウォルフ氏に師事。合唱・音楽劇を中心に作曲活動をしている。音楽会や合唱コンクールにおいて重要なレパートリーのひとつとして欠かせない作品も多い。音楽劇『手ぶくろを買いに』『赤いろうそく』、合唱曲集『みすゞとの旅』、合唱曲『シーラカンスをとりにいこう』『マホウツカイの日々』等。第77回（平成22年度）NHK全国学校音楽コンクール小学校の部課題曲『いのちのいっちょうめ』を作曲。東京藝術大学大学院、東邦音楽大学・同短期大学、東邦音楽大学附属東邦高等学校・東邦第二高等学校 各非常勤講師。

演奏にあたって

横山裕美子

ポイント

・覚えやすく、歌いやすく、また振りや踊りが自然につけられるように
　作りました。ぜひ皆さんでいろいろと工夫してみてください。

・序やカーテンコールの時などは、6曲のうちの好きな部分を使用して
　いただけると良いと思います。

・「↗(主旋律)」を追って斉唱で歌うことも可能です。その場合でも、2曲
　目の35〜36小節、73〜76小節は、必ず原曲のまま2声に分けてくだ
　さい。また、2曲目の37小節、77〜78小節、3曲目の36〜37小節、
　4曲目の23〜24小節も、2声に分けてエコーを楽しむと良いでしょう。

各曲の紹介

1. やさしい赤おに

　赤おにの人柄を歌います。赤おにの solo は長調になり、人間と仲良く
したい気持ちがあふれ出す様子を表現しています。

2. 立札

　きこりと赤おに側に分かれて、歌のやり取りを楽しんでください。53
〜56小節で solo を選択する場合は、15〜18小節とは違った演出にして
変化をつけると良いでしょう。

3. 青おにの提案

　青おにのテーマがあらわれますが、これは6曲目につながる大事なテ
ーマです。"赤おにくん"のモチーフは、本当に赤おにに語りかけるつも
りで演奏してください。

4. あばれ青おに

"はち・ちゃわん・ちゃがま" など、コトバがはっきり聞き取れるように歌いましょう。"赤おに" と "青おに" の２つのコトバは頻繁に出てくるので、意識して区別しましょう。25 小節からのピアノは、ヒーローが登場するイメージです。

5. しあわせな日々

人間と仲良くなれた前半と、青おにが訪ねてこないことに気づいた後半との気持ちの落差を十分に意識しましょう。

6. ドコマデモ キミノ トモダチ ～青おにの心

3 曲目にあらわれた青おにのテーマが大きく展開されます。最後は万感の思いを込めて歌い上げましょう。

『泣いた赤おに』あらすじ

人間と仲良くなりたいと思っているやさしい赤おにがいました。立札をたて、おいしいお茶とお菓子を準備して、村人を家に招こうとしました。けれども、赤おにをこわがって、遊びに来る村人は一人もいませんでした。

赤おにの悩みを聞いた青おには、ある作戦を提案しました。青おにが村人をおそうフリをして、通りかかった赤おにが青おにを退治するというもの。青おには迷う赤おにに言い聞かせて、作戦を実行しました。青おにを退治した赤おには村人から信頼され、赤おにの家は遊びに来る村人でいっぱいになりました。

ところが、青おには、人間と仲良くなった赤おにを思い、手紙を残して旅に出たのです。

「アカオニクン、ニンゲンタチトハ ドコマデモ ナカヨク マジメニ ツキアッテ タノシク クラシテイッテ クダサイ。
……ドコマデモ キミノ トモダチ アオオニ」

赤おには、手紙を何度も何度も読んで泣きました。

1 やさしい赤おに

原作：浜田広介
作詞・作曲：横山裕美子

ある山のがけの　一軒家
赤おにが一人　すんでいました
若くてやさしい素直な　おに
赤おにが一人　すんでいました
こわいおにではありません
あやしいおにでもありません
ほかのおにのためになる
よいことばかりをしていきたい
できることなら　人間たちと
なかよくくらしたい
そういうおにでした

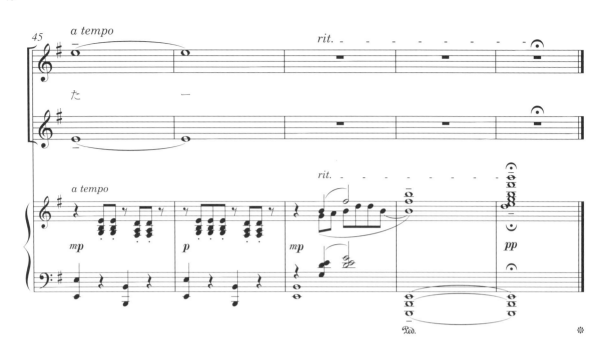

2 立札(たてふだ)

原作：浜田広介
作詞・作曲：横山裕美子

おにが立札たてたとさ
聞いたこともないことだ
おかしなものを見たもんだ
おにがまじめに書いたのか
それともだまして食うつもり
おいおい おいおい きこりさん
だれがだまして食うものか
ちょっと よっていきなさい
でたでた おにが
さあ にげろ

おにが立札たてたとさ
聞いたこともないことだ
おかしなものを見たもんだ
おにがまじめに書いたのか
それともだまして食うつもり
おいおい おいおい きこりさん
だれがだまして食うものか
ちょっと ちょっと まちなさい
でたでた おにが
さあ にげろ

「あーあ」「あーあ」「行っちゃった」
「ええ こんなもの こわしてしまえ！」

© 2019 by KYOGEI Music Publishers.

※1：↗（主旋律）を追って斉唱で歌う場合でも，35〜36小節は必ず分かれる。

※2：♪（主旋律）を追って斉唱で歌う場合でも，73〜76小節は必ず分かれる。

3 青おにの提案

原作：浜田広介
作詞・作曲：横山裕美子

赤おにくん
ぼくの言うこと聞いとくれ
ぼくはこれから
ふもとの村へおりていく
村では力いっぱい　おおあばれ
手のつけられない　おおあばれ
そこにきみが　ひょっこりやってきて
ぼくをおさえて
ぼくのあたまを
ぽかぽかぽかぽか　なぐるのさ
そうすりゃ　きみの評判は
あっという間にあがるんだ
人間たちは安心して
きみの家にあそびにくるだろう

ぼくのあたまを
ぽかぽかぽかぽか　なぐるのさ
なにかをやりとげるには
だれかが　ぎせいにならなくちゃ
できないさ
赤おにくん
なやむことはないさ
これですべてうまくいく
赤おにくん
なやむことはないさ
赤おにくん

© 2019 by KYOGEI Music Publishers.

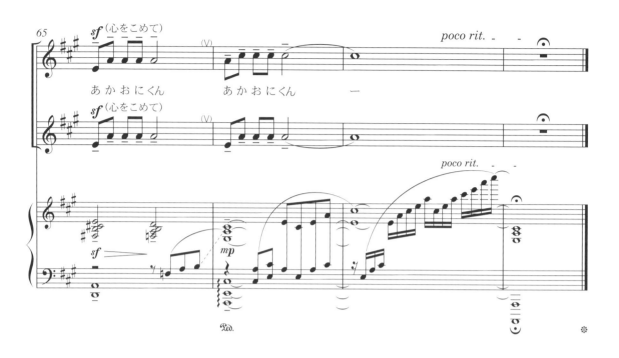

4 あばれ青おに

原作：浜田広介
作詞・作曲：横山裕美子

さらは とぶとぶ
はち ちゃわん ちゃがま
みんな とぶとぶ
がらがらがちゃん
がちゃりん がちゃりん
ちゃりん ちゃりん
青おには とんだりはねたり
さかだちしたり
青おには あばれあばれて
どたんばたん
赤おにが そこへやってきて
こつんと 一発なぐります
それからだんだん
ぽかぽかぽかぽか
ぽかぽかぽかぽかと
もっともっと強く
なぐります
青おには まいったふりして
にげだしました

5 しあわせな日々

原作：浜田広介
作詞・作曲：横山裕美子

赤さん　赤さん
こんにちは
村人たちは　赤おにの家を
たずねてきました
赤おにのもてなしに
まんぞくして
つぎからつぎへと
たずねます
赤おにも人間たちと
なかよくなれて
おいしいお茶と　おいしいおかし
たのしい時間
しあわせだけど
でも　なにかがたりない
しあわせだけど
なにかがかけている
そう　青おにが　あれいらい
たずねてこないことに
赤おには　気づきました

6 ドコマデモ キミノ トモダチ ～青おにの心

原作：浜田広介
作詞・作曲：横山裕美子

人間たちとは
なかよく たのしく
くらしていってください
赤おにくん
ぼくがいたら
人間がきみを
うたがうことが
あるかもしれません
だから しばらく
きみには お目にかかりません
これから
たびにでることにしました
いつでも
きみをわすれません
どこかで
あう日があるかもしれません
からだを
だいじにしてください
さようなら きみ
ぼくは どこまでも
きみの ともだち
赤おにくん

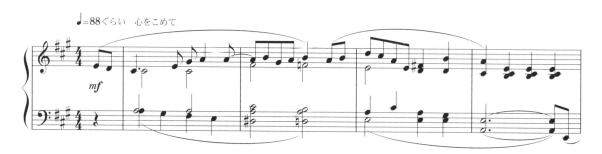